E. MARTIN REL.

don de l'éditeur

N° 73

"*Pages actuelles*"
(1914-1916)

Les

Revendications

Territoriales

de la Belgique

PAR

Maurice des OMBIAUX

BLOUD ET GAY, ÉDITEURS

7, PLACE SAINT-SULPICE, PARIS

Les
Revendications Territoriales
de la Belgique

"*Pages actuelles*"
(1914-1916)

Les Revendications Territoriales de la Belgique

PAR

Maurice des OMBIAUX

PARIS
BLOUD & GAY, Editeurs
7, PLACE SAINT-SULPICE, 7

1916
Tous droits réservés

Les Revendications territoriales de la Belgique

I

De nombreux Français, dans des brochures, des articles, des lettres et des discours, manifestent avec force combien persiste en leurs âmes l'antique « désir du Rhin ».

On nous rappelle ce que Merlin de Douai disait le 24 septembre 1795 à l'Assemblée nationale :

« Il n'est personne parmi nous qui ne tienne invariablement à cette grande vérité, souvent proclamée à cette tribune, et toujours couverte de l'approbation la plus générale, que l'affermissement de la République et le repos de l'Europe sont essentiellement attachés au reculement de notre territoire jusqu'au Rhin ; et certes ce n'est pas pour rentrer honteusement dans nos anciennes limites, que les armées républicaines vont aujourd'hui, avec tant d'audace et de bravoure, chercher et anéantir au delà de ce fleuve redoutable, les derniers ennemis de notre liberté. »

Dans un article intitulé : *La paix qui nous protégera contre tout retour offensif...*, Maurice Barrès écrivait :

« A quelque parti que nous appartenions, nous devons nous mettre d'accord sur les précautions à prendre contre les Allemands, afin que nos fils et petits-fils recueillent le fruit de ce formidable effort. C'est un devoir pour nous vis-à-vis de notre passé historique et vis-à-vis des générations futures, dont nous devons assurer la sécurité, de rechercher que nos concitoyens de la Lorraine et des Ardennes cessent d'être foulés aux pieds, que Paris soit mis à l'abri d'un coup de main, et qu'enfin les Français possèdent les clefs de leur maison. Du côté de l'Est, la France est ouverte à l'éternel envahisseur. Nous y organiserons toutes choses, d'accord avec la Belgique dont la fraternité nous est infiniment précieuse, pour que la paix fleurisse dans une Europe organisée conformément à ses traditions nationales et au droit. »

Il nous citait l'opinion d'un poilu, entre mille :

« Les idéologies perdent toutes apparences de sens dans mon existence, aujourd'hui faite de réalités tangibles. Va donc dire aux soldats et aux autres amis, quelle que soit leur éducation, et il y a de tout dans l'armée, qu'ils luttent pour l'esprit révolutionnaire ; ils te prendront tout bonnement pour un fou. Pour moi, je lutte pour la reprise de l'Alsace, et si je croyais que ce fût pour « l'esprit révolutionnaire » ou pour n'importe quel « esprit », je prendrais mes cliques et mes claques et retournerais à mes chères études. Me crois-tu homme à me faire casser la tête pour un « esprit » ? C'est viande trop creuse !... »

Le *Rappel* du 16 juillet 1915 apportait aussi son avis sur la question :

« La France intégrale ! C'est la France des frontières naturelles, c'est la France de 1792, 1793 et 1794, des hommes de l'An II, la France dont le Rhin formait la frontière. C'est pour notre pays le retour à la rive gauche du Rhin, et c'est pour la Belgique mutilée, la même frontière, la même garantie contre le péril allemand. »

Dans la *Revue hebdomadaire* du 15 juillet, M. Christophe Schefer concluait ainsi :

« Constatons, dit-il, que le dix-neuvième siècle en connut deux : celle de 1870 avait été imposée en 1815 par les convoitises germaniques qui, au lendemain des Cent Jours, purent s'exercer plus librement ; elle marquait un recul sensible sur la frontière de 1814, qui laissait notamment à la France tout le canton de Sarrebrück. Or c'est là peut-être la frontière lorraine véritable, logique, celle par conséquent que nous aurions à revendiquer nettement. Puisque nous voulons, avant toutes choses, assurer la paix future, partant nous garder contre un retour offensif de l'Allemagne, des nécessités stratégiques s'imposeront qui pourraient entraîner une avance au nord-est, d'aucuns disent jusqu'à la ligne du Rhin. »

M. Franck Chauveau posait nettement la question :

« Mais, encore une fois, pour la France, le premier, le plus essentiel des moyens de défense, celui que nous avons le droit de considérer comme indispensable, ce sont les frontières du Rhin. *Si la Belgique veut les partager avec nous, si elle réclame les territoires rhénans au nord de la Moselle, nous avons confiance en elle*, et nous ne nous opposerons pas sans doute à ce qu'ils lui reviennent, comme une réparation légitime de ses souffrances, comme une juste récompense de son héroïsme ; *mais, si elle ne les veut pas*, si elle croit que sa neutralité est mieux gardée par la simple restitution de son territoire, elle est maîtresse de ses destinées et le meilleur juge de ce qu'il lui convient de faire, mais alors *c'est nous qui devrons prendre le reste du pays rhénan*, et y trouver la force supplémentaire qu'il nous faut pour nous défendre. »

M. Maginot enfin, en réponse à quelques humanitaires, s'écriait aux applaudissements de toute la Chambre française :

« Il n'appartient à personne, alors qu'on se bat encore, de limiter par avance les revendications de la patrie. »

Il apparaît donc nettement que la volonté des Alliés est de reprendre la rive gauche du Rhin pour se protéger contre le retour d'une agression germanique. L'avis de quelques Belges internationalistes n'y pourrait rien changer.

Nous connaissons, d'autre part, quels sont, ou

quels étaient les projets de l'Allemagne à notre égard. Le manifeste des professeurs et mieux encore le mémoire des associations disaient de la Belgique : « Nous l'avons conquise au prix du plus noble sang allemand. Notre peuple est unanime à vouloir la garder. Garder la Belgique, c'est sans aucun doute une question d'honneur pour nous. »

On se rappelle que le roi de Bavière déclarait qu'il fallait à l'Allemagne du Sud comme à l'Allemagne du Nord, non seulement la Belgique, mais aussi l'embouchure du Rhin qui appartient à la Hollande.

Que les prétentions germaniques aient quelque peu diminué depuis lors, peu nous importe. L'avidité du pangermanisme ne désarmera jamais vis-à-vis de la Belgique.

L'odieuse agression de 1914 à l'égard d'un peuple dont elle avait garanti l'indépendance et la neutralité sera considérée dans l'avenir par l'Allemagne comme un titre de revendication. Dans une déclaration au Reichstag, M. de Bethmann-Hollweg ne parlait-il pas de subordination militaire et économique ?

Si la Belgique n'est pas mieux protégée qu'elle ne l'a été, il n'est pas douteux qu'elle ne cesse un jour d'exister. Pour assurer cette protection, il est prouvé qu'elle doit d'abord compter sur elle-même. Plus que jamais, elle doit s'inspirer de la forte parole de Banning :

« Si la neutralité perpétuelle avait un sens dans l'ordre international, écrivait-il, il faudrait plaindre les peuples nés sous cette constellation: *Ils auraient trouvé dans leur berceau leur acte authentique de décès.* »

En d'autres termes les peuples, qu'ils soient neutres ou non, doivent, s'ils veulent assurer leur existence, se souvenir de cette vérité éternelle :

Aide-toi, le ciel t'aidera.

II

La reprise de la rive gauche du Rhin étant considérée comme une impérieuse nécessité par les Alliés, il importe que la Belgique examine à son point de vue la situation nouvelle qui serait créée de ce chef, sans tenir compte du trop facile reproche qu'on nous oppose de vendre la peau de l'ours avant de l'avoir abattu. Car cette peau d'ours, nous la vendons, on vient de le voir, en bonne compagnie.

Pour envisager sainement les destinées de la Belgique, il faut se garder de raisonner avec la mentalité d'un vaincu ou celle d'un humanitaire, qui n'offrent pas grande différence en ce moment. Le sentimentalisme, pas plus que la mégalomanie, n'a jamais avancé la résolution d'un problème politique. C'est à la lumière du réalisme le plus rigoureux qu'il faut s'éclairer pour discerner la voie dans laquelle un pays doit s'engager pour arriver au développement harmonieux et normal de ses forces.

Deux grands facteurs dominent l'existence et la sécurité d'un Etat : la situation géographique et la situation économique.

Dans son « Mémoire sur la défense de la Meuse », admirable de clairvoyance et de lucidité, ainsi que le démontrent les événements actuels, Emile Banning établit avec cette netteté et cette force qui le caractérisent, notre situation géographique. Ecoutons-le :

« Les territoires qui s'étendent entre la Meuse et le Rhin sont depuis longtemps encore l'objet d'appétits invétérés, de compétitions sanglantes. Occupés par des populations mixtes sous le rapport de la race, de la langue, des institutions et des mœurs, ils ont passé par les dominations les plus diverses et souffert des mutilations fréquentes. Les lignes de frontière qui les coupent sont entièrement artificielles ; elles ne correspondent pas à des groupes nationaux non plus qu'à des déterminations géographiques ou historiques. Des vues politiques, des convenances militaires les ont établies exclusivement. C'est un des rares tracés qui subsistent des traités de 1815, et la conférence de Londres a plutôt empiré qu'amélioré ici l'œuvre du Congrès de Vienne. Sans sortir de ce siècle, la question de la possession de la rive droite de la Meuse s'est posée dans toute sa gravité au lendemain de la chute du premier Empire. Le traité de Paris du 30 mai 1814 avait prévu la création d'un royaume des Pays-Bas. Des articles secrets en réglaient sommairement les limites.

« On disait expressément dans ces articles secrets que l'établissement d'un juste équilibre en

Europe exigeait que la Hollande fût constituée dans les proportions *qui la missent à même de soutenir son indépendance par ses propres moyens.*

« L'article IV portait : « Les pays allemands sur
« la rive droite de la Meuse, qui avaient été réunis
« à la France depuis 1792, serviront à l'agrandis-
« sement de la Hollande et à des compensations
« pour la Prusse et autres Etats allemands. »

L'ogre prussien avait les dents longues, il voulut, ni plus ni moins s'installer à Liége et s'annexer la partie de l'ancienne principauté se trouvant sur la rive droite de la Meuse. Heureusement les Anglais s'y opposèrent ; Wellington aurait voulu porter le royaume des Pays-Bas jusqu'au Rhin *pour sa défense militaire,* mais c'était vouloir trop réfréner l'appétit teuton.

Qui est maître de la Meuse est maître de la Belgique, écrivait Jomini. C'était aussi l'avis de la Prusse qui, depuis 1815, chercha constamment à pousser son nez vers notre fleuve.

Sous différents régimes, même sous le parlement démocratique de Francfort, l'Allemagne ne cessa de tendre vers la Meuse. En 1849, elle voulut mettre la main sur le Limbourg hollandais et, de ce chef, faillit entrer en guerre avec la Hollande. Ne réussit-elle pas à créer, dans le Grand-Duché de Luxembourg, une situation à son profit?

***

Les Belges qui n'ignoraient pas le mémoire vraiment prophétique de Banning, l'avaient presque tous oublié. Il faut que ses enseignements, qui resteront aussi vrais demain qu'ils l'étaient hier et qu'ils le sont aujourd'hui, soient désormais présents à tous les esprits.

La paix de demain ne ramènera pas l'âge d'or dans l'humanité et n'assurera pas à l'Occident une félicité sans nuages. Qui osera encore chez nous se fier à un traité d'une manière absolue et invoquer la foi de gentilhomme d'un souverain allemand ?

Le problème de la défense nationale se posera pour nous de la même façon qu'avant la tourmente que nous subissons.

Après comme avant, Liége sera toujours la clef de la vallée de la Meuse.

Or, Liége est actuellement à 30 kilomètres de cette frontière créée artificiellement en 1815.

Il est prouvé maintenant que certaines pièces d'artillerie ont une portée plus longue que ces trente kilomètres. Donc, une place de cette importance pourrait être battue par le canon ennemi sans que la frontière eût été franchie.

Dans de telles conditions, poser la question, c'est la résoudre. Puisque l'Allemagne, depuis un siècle, n'a cessé de pousser vers la Belgique, il faut que la Belgique, pour assurer sa défense, prenne les territoires sans lesquels cette défense ne serait jamais qu'illusoire ou précaire.

Les clauses secrètes du traité de 1815 voulaient que les Pays-Bas fussent constitués dans des proportions qui les missent à même de soutenir son indépendance par ses propres moyens. Il faut que la Belgique soit constituée pour une fin analogue.

Désirant continuer à vivre en bonne intelligence avec la Hollande, nous ne prétendons lui prendre aucun des territoires que lui ont conférés les traités, mais nous nous efforcerons de négocier avec elle pour obtenir ce qui sera indispensable à notre défense ; car, ainsi que l'écrivait Banning, il n'est aucun esprit politique en Europe qui ne reconnaisse aujourd'hui que la Belgique indépendante a été mal délimitée. La reconstitution de la frontière de 1830 devrait être le but constant de la politique extérieure de la Belgique, disait ce grand patriote. Est-ce que l'accroissement de la portée de l'artillerie n'étend pas les conclusions de Banning ?

Voilà, esquissé sommairement, le point de vue géographique.

* * *

L'argument économique n'est pas moins péremptoire.

Il se trouve encore des hommes qui croient bénévolement que, la paix signée, nos rapports avec l'Allemagne reprendront comme si rien ne s'était passé. Qu'ils aillent donc prendre des informations précises à ce sujet dans la Belgique occupée. Sans doute certains commerçants seraient disposés à renouer des relations commerciales, sans doute quelques internationalistes, citoyens du monde plus que citoyens belges, sans doute quelques métèques dont on ne discerne pas exactement l'origine, nous resserviront d'anciennes calembredaines, mais à part cela, toutes les classes de la société poursuivront d'une haine, dont aucune des générations actuelles ne verra la fin, le peuple qui nous a attaqués traîtreusement et qui a couvert de ruines notre pauvre pays. Et, qu'on n'en doute pas, cette haine s'étendra sur tous ceux qui voudraient pactiser avec l'ennemi sous n'importe quel prétexte, celui des affaires ou tout autre.

Voilà un fait qu'aucun homme d'Etat ne pourra pas considérer comme n'étant pas essentiel. A distance, ceux qui n'ont jamais vu ce que c'était que l'abjecte occupation allemande font facilement bon marché de cet état d'esprit, mais ils risquent de commettre des erreurs qui leur coûteraient cher. Le « maugré », cette terrible rancune paysanne qui sévit encore dans certaines parties de notre pays, se rallumera avec violence contre tous les Boches qui reviendront faire leurs bonnes petites affaires et les Belges qui consentiraient à traiter avec eux.

Mais le port d'Anvers doit une partie de son importance à la contrée rhénane.

Or, comme le sentiment populaire se refusera à entrer dans de telles considérations pour se réconcilier avec les commis-voyageurs allemands, le port d'Anvers péricliterait si nous n'étendions pas nos frontières de l'Est. La défense de la Belgique et l'intérêt de notre grand port national commandent donc que, quels que soient les sentiments pacifistes et humanitaires de chacun, nous n'ayons pas peur d'un accroissement territorial. Ce n'est pas de la mégalomanie, mais bien une nécessité vitale pour notre chère patrie.

La Ligue des Patriotes de France dans la carte intéressante qu'elle a publiée : *Les Ambitions allemandes* et *Ce que veulent les Alliés, le Rhin frontière* de l'Allemagne, est entrée résolument dans cette voie, la seule qui soit logique.

Le *Temps*, commentant la déclaration des socialistes relative à l'Alsace-Lorraine, faisait remarquer que la Belgique aussi a une Alsace-Lorraine. On objecterait vainement à nos justes revendications le principe des nationalités. L'accroissement de la Belgique vers le Rhin n'irait pas à l'encontre de l'établissement d'une justice et d'une loyauté internationales.

Nous établirons pourquoi et comment la Prusse rhénane est à la Belgique ce que l'Alsace-Lorraine est à la France et pourquoi elle doit nous revenir en vertu même du principe des nationalités.

III

Nous disions donc que la contrée qui s'étend depuis notre frontière actuelle jusqu'au Rhin est à la Belgique ce que l'Alsace-Lorraine, prise de force par l'Allemagne en 1870, est à la France, et qu'en vertu même du principe des nationalités, pour lequel les Alliés luttent en ce moment, on ne peut s'opposer à ce que notre pays réclame un accroissement territorial, indispensable, du reste, à sa défense comme à ses intérêts, c'est-à-dire que le point de vue sentimental, loin d'aller à l'encontre des nécessités qui s'imposent à nous, est d'accord avec elles. L'heure de la reconstitution d'un Etat plus que millénaire va sonner pour nous; c'est pourquoi nous devons y être fort attentifs. Et, quoique les réminiscences historiques soient toujours un peu fastidieuses, il faut bien nous y livrer.

En 843, à Verdun, les fils de Louis le Pieux signaient le traité qui partageait définitivement l'Empire de Charlemagne.

Louis de Bavière prenait la Germanie, Charles le Chauve la France et l'ouest de la Meuse,

Lothaire la région entre la Meuse et le Rhin ainsi que l'Italie.

L'Etat tampon entre le Centre et l'Ouest était créé.

Les populations de la Lotharingie se distinguaient nettement de celles de la rive droite du Rhin : les unes étaient celtiques, les autres germaniques. Les textes de César et de Tacite étaient déjà formels à cet égard. César comprenait les Eburons et les Trévires, riverains du Rhin, de même que les Aduatiques, les Nerviens, les Morins et les Ménapiens dans la même appellation de Gaule-Belgique.

Passé le Rhin, c'étaient les Germains. Ainsi donc, les différentes peuplades qui occupaient les territoires compris entre la mer du Nord et le Rhin avaient des mœurs, des coutumes, des langages qui présentaient certains caractères d'homogénéité, tandis qu'elles se différenciaient notablement des Germains.

Ensemble elles avaient bénéficié de la civilisation latine pendant plusieurs siècles. Rome, en les peuplant de monuments, les avait imprégnées de sa vie sociale et de sa littérature.

Bien que les invasions eussent substitué l'idiome germanique à la noble langue latine, la contrée rhénane conserva les qualités dont l'avait gratifiée le peuple roi ; elle resta la fille reconnaissante de la Ville Eternelle.

Le traité de Verdun ne fit donc que consacrer

un état de choses existant depuis l'antiquité et antérieurement à l'occupation romaine qui confondait les provinces belges d'aujourd'hui avec ce qu'on appelle, depuis le traité de Vienne de 1815, la Prusse rhénane, d'institution exclusivement politique. Il ne fit qu'accentuer, durant le Moyen-Age, les différences entre la vie sociale des deux pays séparés par le Rhin.

La Lotharingie subit des fluctuations continuelles, suivant les ambitions de ses voisins de l'est et de l'ouest. Ce fut une sorte de terre mouvante ballotée par le flux et le reflux des marées françaises et germaniques. Mais jamais les populations de cette terre, parmi leurs conflits sanglants, ne se livrèrent à des luttes de races. Il n'y avait entre elles aucune incompatibilité à former une unité nationale.

Le duché de Basse-Lotharingie, créé dans le courant du xe siècle, ne change rien à cette situation morale. Les différentes contrées qui en font partie continuent à vivre d'une vie commune sous l'égide des princes belges. Grâce au christianisme qui est le grand éducateur, il subit l'influence de la France qui, de plus en plus, s'affirme l'héritière de la civilisation latine contre laquelle se heurte sans cesse la barbarie germanique.

Si l'on a recours aux différents traités d'histoire que l'on connaît, on constate que tous, indistinctement, ne séparent pas l'histoire du duché de Brabant, du comté de Hainaut, du comté de

Flandre, du marquisat de Namur, du marquisat d'Anvers, du duché de Limbourg, de la principauté de Liége, du duché de Luxembourg, de celle du comté de Juliers et des archevêchés de Trèves et de Cologne. Lé Limbourg s'étendait jusqu'au Rhin ; la principauté de Liége s'avançait loin dans le territoire de la Prusse rhénane d'aujourd'hui. Henri IV, comte de Luxembourg, réclamait et obtenait le titre de protecteur de la ville de Trèves. Le Limbourg était réuni à la Gueldre sous Renaud. Cologne acclama comme son sauveur Jean Ier, duc de Brabant, après la victoire de Wœringen !

On ne s'étonne donc pas que les historiens aient, d'un accord unanime, considéré comme indissolubles les événements relatifs à la vie nationale de ces différentes provinces. Tous, implicitement ou explicitement, constatent l'unité de l'histoire des principautés, duchés, comtés et marquisats depuis le Rhin jusqu'à la mer, et, d'autre part, leur caractère absolument différent des populations franconiennes et saxonnes de l'autre rive du Rhin.

Au surplus, les débouchés commerciaux de la contrée rhénane étaient Bruges et Anvers, ce qui nous explique que ce n'est pas un point de vue purement sentimental qui fit acclamer à Cologne la victoire de Jean Ier, duc de Brabant.

Les ducs de Bourgogne comprirent le rôle de l'Etat-tampon et voulurent le constituer en royaume à leur profit. Leur politique triomphait. Charles le Téméraire touchait au but, le jour de son couronnement comme roi de la Gaule-Belgique était fixé : c'était le 29 septembre 1473, à Trèves.

Mais au dernier moment Louis XI fit crouler ce projet si savamment, si patiemment établi. Persuadé par lui que l'avènement du Téméraire marquerait la fin de la puissance de l'Empire, Frédéric III regagna précipitamment Cologne. Encore une fois nous perdions l'espoir de former un Etat indépendant : nous allions continuer de vivre en commun, mais sous la domination étrangère.

Il n'y eut de séparation politique que dans la seconde moitié du xvie siècle. L'Empire fut divisé en dix cercles. Le cercle de Bourgogne comprit les Etats héréditaires de Charles-Quint ; les principautés de Liège, de Trèves, de Cologne et de Stavelot-Malmédy appartinrent au cercle de Westphalie.

C'était la première fois dans l'histoire qu'une séparation politique était créée entre les provinces lotharingiennes. Elle surgissait au moment où le catholicisme et le protestantisme se livraient une lutte sans merci. Or Liège, Cologne, Trèves et Juliers restèrent profondément attachés au catholicisme, tandis qu'au delà du Rhin, le luthéranisme l'emportait.

Charles-Quint, cependant, avait toujours été

opposé à cette séparation. Il visait à continuer, pour ses Etats héréditaires, la politique bourguignonne et créer un Etat indivisible sous le gouvernement d'un prince de sa famille.

Nous verrons comment la Prusse rhénane, malgré la prussification dont on connaît les méthodes, est restée rebelle à la germanisation.

IV

Le règne d'Albert et d'Isabelle fut, en quelque sorte, la réalisation, malheureusement éphémère, des projets de Charles-Quint sur la Belgique, tels qu'on peut les déduire de la « transaction d'Augsbourg » et de la « pragmatique sanction » de Bruxelles. On vit, en cette courte période d'indépendance, ce dont était capable la contrée lotharingienne, la Gaule-Belgique débarrassée d'entraves, enfin en état de développer toutes ses facultés, de réaliser ses possibilités. L'histoire de cette courte période est éblouissante; la Belgique brille à peu près également dans tous les genres d'activité, aussi nous bornerons-nous à un seul exemple : les arts s'illustrent de Pierre-Paul Rubens qui est resté, jusqu'à nos jours, le roi incontesté de la peinture. Mais bientôt nous subissons le contre-coup de la guerre de Trente ans et des guerres de religion, et, de traités en traités, à commencer par celui de Westphalie, la désagrégation s'accentue.

Avec le traité de Rastadt et celui de la Barrière au commencement du xviiie siècle, nous sommes au bout de notre ruine politique et économique.

Nous avons touché le fond de notre misère, comme en ce moment.

Mais la Belgique ne peut jamais rester abattue. Elle se relève vite parce qu'elle est douée d'une grande force morale.

« Refoulée sur elle-même, dit l'historien de Gerlache, désormais obscure, mais paisible et vertueuse, la Belgique s'attacha à réparer ses pertes à force de travail et d'économie. »

Tous les capitaux refluent vers l'agriculture qui prend un développement inouï. C'est une proposition qui peut paraître paradoxale et qui est pourtant vraie, que jamais la Belgique n'avait été aussi riche et aussi peuplée que pendant la dernière partie du xviiie siècle.

*\
* *

Mais tandis que nos provinces se relevaient rapidement des ruines que le xvie et le xviie siècle avaient accumulées chez elle, la contrée rhénane restait plongée dans un marasme complet. L'incurie bureaucratique, la vénalité des charges, le manque de direction, y sévissaient, appauvrissant le pays de plus en plus. La paresse et la misère y régnaient. Privée de la compagnie vivifiante de la Belgique, la rive gauche du Rhin se mourait d'anémie, elle devenait une proie facile à qui voulait la prendre ; tout valait mieux pour elle que cet état d'anarchie.

La Prusse y avait déjà poussé une pointe. Elle s'était fait donner un morceau du comté de Gueldre, en paiement de ses services, au partage de la monarchie espagnole, par le traité d'Utrecht, de 1713 qui, par ailleurs, reconnaissait la personnalité internationale des provinces belges jusqu'au Rhin.

Mais c'est en 1740, à l'avènement de Frédéric II, que fut inaugurée la politique d'extension de la Prusse sur la rive gauche du Rhin, politique appuyée, jusqu'en 1753, par l'établissement de garnisons prussiennes à Montfort, à Turnhout et à Herstal près de Liége.

Le premier effet de cette politique fut d'empêcher la reconstitution de la Belgique lotharingienne sous l'égide de l'électeur de Bavière. Ce dernier, possesseur du duché de Juliers, s'était mis d'accord avec l'empereur pour lui céder la Bavière, en échange des Pays-Bas autrichiens que le monarque trouvait trop difficiles à gouverner de Vienne.

L'opposition formelle de Frédéric II empêcha le vœu des peuples, conforme à la volonté de l'empereur, de se réaliser. *La Prusse se jetait en travers de nos destinées nationales.*

La domination autrichienne n'était pas parvenue à s'attacher le cœur des Brabançons, des Wallons et des Flamands. Nos provinces, assoiffées d'indépendance, se révoltèrent. Y furent-elles poussées par la Prusse? Toujours est-il que cette

Prusse, qui s'était opposée à la reconstitution de notre ancien état, nous envoya le général Schœnfeld et nous prodigua les encouragements; ce n'était assurément pas pour nos beaux yeux ni pour le seul plaisir de faire pièce à sa rivale; elle visait plus loin, elle visait un but dont jamais elle ne se détourna.

En 1795, elle vit avec plaisir la France l'aider à dépouiller l'Autriche mais elle refusa de lui laisser prendre la rive gauche du Rhin. Au congrès de Rastadt, en 1797, convoqué après la paix de Campo-Formio pour régler les affaires de l'Allemagne, Bonaparte s'entendit avec l'Autriche pour prendre, avec la Belgique, la contrée rhénane. Les Prussiens traînèrent les discussions en longueur, firent avorter le projet. L'année suivante, les représentants français Bonnier, Jean Debry et Robergeot obtinrent la ligne du Rhin, mais les négociations furent rompues. Les plénipotentiaires français prirent le parti de s'en aller, mais à peine avaient-ils quitté la ville que les hussards de Szecklers se précipitèrent sur eux, tuèrent Bonnier et Robergeot et s'emparèrent de leurs papiers.

Néanmoins, il fallut céder au conquérant et la Belgique lotharingienne, c'est-à-dire la Belgique jusqu'à la rive gauche du Rhin, fut englobée dans l'Empire français.

Les liens entre la Belgique et les provinces rhénanes ne s'étaient jamais relâchés. L'état de dépérissement que nous avons constaté chez ces provinces dès que les événements politiques ne lui permirent plus de vivre de la même vie publique que le pays belge tel qu'il est actuellement délimité, n'avait pas modifié les sentiments de fraternité entre les populations. Les relations séculaires reprirent donc comme si elles n'avaient jamais été interrompues.

Cette soudure nouvelle eut été bien plus complète encore sous le rapport économique, si l'on avait donné suite au projet, attribué à Napoléon Ier lui-même, de relier par un canal le Rhin à l'embouchure de l'Escaut, idée reprise de nos jours, nous savons maintenant dans quel but, par l'association allemande des négociants d'Anvers.

Le Code Napoléon, enfin, soumit les personnes et les biens aux mêmes règles de droit civil et il fut moins que jamais question d'influence germanique sur l'état de civilisation de la rive gauche du Rhin.

La nécessité d'un Etat tampon apparut à Napoléon lui-même. Cet Etat tampon, ce ne pouvait plus être l'ancienne Lotharingie, puisqu'il l'avait englobée dans son empire, c'est pourquoi il jeta les yeux sur la Westphalie et la donna à son frère Jérôme.

A la chute de Napoléon, comment se manifeste la politique de la Prusse à l'égard des pays rhénans?

L'article 4, secret, du traité de Paris 1814 disait : « Les pays allemands sur la rive gauche du Rhin, serviront à l' « agrandissement de la Hollande » et à des « compensations » pour la Prusse et autres États allemands ». La Prusse n'y eût sans doute pas trouvé son compte si Talleyrand n'avait cru devoir rassurer l'Europe contre un retour offensif des Français sur le Rhin en s'employant pour faire obtenir aux Allemands avides une grande partie de la rive gauche du fleuve, au détriment des Pays-Bas.

L'Angleterre avait appuyé à Vienne le projet d'établir sur la rive gauche du Rhin un prince faible, parent de Louis XVIII. Nous avons déjà dit que l'ogre prussien voulait s'installer à Liége, mais les Anglais s'y opposèrent et eurent gain de cause. Aussi l'acte final souleva-t-il la colère de la Prusse qui, faute de pouvoir satisfaire son appétit glouton, déclara qu'elle eût préféré la Saxe, pays protestant, ou bien l'Alsace, à ces pays de la rive gauche du Rhin, catholiques, éloignés de Berlin et exposés aux atteintes de la France. Elle les prit néanmoins à leur vif désappointement. Ces anciens frères déploraient leur sort tout autant que nous déplorions le nôtre.

Les frontières furent tracées en dépit des délimitations linguistiques et des affinités historiques.

En 1839, ce fut à cause des visées prussiennes vers l'ouest que le Grand-Duché de Luxembourg et une partie du Limbourg, si nécessaires tous deux à notre défense, nous furent enlevés.

V

Le cas de Malmédy et de ce que l'on a dénommé la Wallonie prussienne est, à titre d'exemple, des plus intéressant. Malmédy est peu de chose assurément dans la Prusse rhénane, mais c'est une terre wallonne que nous revendiquons. En outre, il montre les procédés de germanisation dans toute leur ampleur. D'après ce qu'on a fait aux Wallons de Malmédy, on peut voir le sort que l'on réservait au français, au flamand et aux patois wallons, si le plan des Boches avait réussi. Nicolas Pietkin, curé de Sourbrodt, a publié, il y a une dizaine d'années, un historique de la question que nous nous plaisons à signaler.

***

Le congrès de Vienne, où les principaux alliés devinrent aussitôt des rivaux soucieux autant d'arrondir leurs États et d'en augmenter l'importance que de s'empêcher mutuellement de parvenir à une prédominance effective, refit, en conséquence, la carte politique de l'Europe en se préoccupant bien moins des éléments impondérables de la vie des peuples, tels que la religion, la langue et la nationalité, que de l'étendue des territoires, du nombre des habitants, des ressources industrielles et commerciales, en un mot de ce qui comportait un accroissement de puissance matérielle. Dans le partage des pays détachés de la France par le traité de Paris du 30 mai 1814, il prit pour base de la démarcation des lots les limites des diocèses et traça ainsi des frontières qui faisaient, sur toute la ligne, bon marché du nationalisme à l'époque même où il venait de s'éveiller et vibrait comme une note dominante dans les chants des poètes, les harangues des orateurs et jusque dans les proclamations des souverains. L'antique principauté de Stavelot, qui, alors, faisait partie du département de l'Ourthe, fut comprise dans ce partage, et la Chale, qui la traversait en plein cœur, formant, dans son cours supérieur où elle porte le nom d'Eau-Rouge, la limite des diocèses de Cologne et de Liége, devint une frontière politique autrement importante, pour la vie sociale, que n'avait été auparavant la simple limite de juridiction spirituelle.

C'est ainsi que les villes sœurs, Malmédy et Stavelot, filles de Saint Remacle, formées à la même école des moines bénédictins, ayant la même croyance, les mêmes mœurs et le même langage, se voient après une vie commune de près de douze siècles, séparées l'une de l'autre et incorporées dans deux Etats, où dominaient une religion et une nationalité différentes des leurs. Stavelot tomba sous la domination du roi Guillaume Ier des Pays-Bas pour entrer bientôt après dans la formation du nouveau royaume de Belgique. Malmédy, au contraire, passa sous le sceptre des Hohenzollern, rois de Prusse, et forma, avec le territoire environnant, la Wallonie prussienne qui comprend actuellement sept paroisses et un rectorat de la paroisse allemande de Butgenbach avec une population globale de dix mille habitants, dont les neuf dixièmes sont encore wallons.

Devenus sujets du roi de Prusse, nos anciens compatriotes ne furent d'abord pas opprimés dans leur petite nationalité ni dans leur langue. Frédéric-Guillaume IV, étant venu rendre visite le 25 septembre 1856 à la petite ville ardennaise, prononçait ces paroles, qui nous remplissent aujourd'hui d'un étonnement profond :

« Je suis fier d'avoir dans ma monarchie un petit pays où l'on parle français. »

Aussi les Wallons se lièrent-ils sans méfiance avec les Allemands et ne firent-ils aucune difficulté d'apprendre l'allemand. Il y eut donc de 1815 à 1863 une période de diffusion naturelle de la langue allemande. L'annexion à la Prusse n'était certes pas du goût des wallons mais le libéralisme dont on usait à leur égard fit naître chez eux un loyalisme d'autant plus sincère et solide qu'il était nourri et soutenu par l'amour primordial et inaliénable de la Petite Patrie wallonne.

* * *

Mais l'accession de Bismarck au pouvoir marqua un tournant dans l'histoire de la Wallonie prussienne comme dans celle de la Prusse, de l'Allemagne et de l'Europe. L'idée hégélienne de l'Etat absolu allait poursuivre implacablement le wallon et le français dans l'ancien pays wallon, comme le polonais dans la Pologne. Par dépêche du 20 août 1863, la Régence d'Aix-la-Chapelle ordonna tout simplement la suppression absolue du français dans les actes de l'administration communale de Malmédy. Le bourgmestre Piette y répondit par des remontrances respectueuses appuyées par son conseil.

La Prusse n'osa pas cette première fois passer outre aux réclamations de Malmédy, mais en 1865, ce fut le baron von Broïch qui fut nommé bourgmestre à la place de Piette. Dans la politique des langues comme bientôt après dans le kulturkampf, il ne fut que l'instrument docile de la Régence, tout animée de l'esprit bismarckien.

Le français fut traqué. Les autorités prussiennes, pour l'extirper du pays, prétendaient que le français était une langue étrangère pour les Wallons. Cette thèse permit aux germanisateurs de dire aux Wallons, dont il était impossible de contester le loyalisme, qu'ils n'en voulaient pas à leur langue maternelle le wallon ; de prétendre alléger la tâche des écoliers en supprimant une langue étrangère ; et même d'accuser ceux qui se servaient du français pour parler et écrire, d'être de mauvais Wallons !

Comme on le voit le Bochisme n'est pas né d'hier. Le wallon n'a jamais été une langue ; les patois wallons sont romans et sont étroitement liés à la langue française.

La question fut discutée au Parlement prussien le 7 mars 1889 et naturellement résolue dans le sens boche. Au lieu d'un temps de paisible évolution, la Wallonie prussienne vit s'ouvrir une période de germanisation à outrance.

L'ordonnance du 28 août 1876 prescrivit l'emploi exclusif de la langue allemande dans toutes les administrations, avec la seule restriction qu'on pourrait encore, pendant cinq ans, se servir, dans les communes rurales, de la langue française pour les délibérations orales des commissions scolaires et des conseils communaux.

Nous n'entrerons pas dans le détail de la lutte menée par les Wallons pour conserver non seulement le français comme langue véhiculaire, mais aussi leur vieux patois wallon.

La loi du 1er octobre 1890, en instituant l'école forcée avec l'allemand comme langue exclusive, régla brutalement la question.

« L'école populaire allemande, déclarait le ministre Bossé, n'a pas à soigner la langue particulière d'une contrée, mais seulement la langue générale, la langue allemande, nécessaire à tout citoyen allemand. »

Les minorités nationales ont un droit imprescriptible de conserver non seulement leur patois, mais aussi leur langue littéraire traditionnelle qui en est le complément naturel. Mais les Boches se fichent des droits et du Droit !

Quoi qu'il en soit, les Wallons de la Prusse rhénane sont restés inébranlablement fidèles à leurs traditions, à leur langue et à leur patois, comme on peut en juger d'après cette chanson que nous traduisons du wallon en français :

> Ce sont des méchants, Malmédiens,
> Qui en veulent à notre wallon,
> Ce sont des jaloux, des faux,
> Et une bande de vauriens.
>
> On laisse chanter les oiseaux
> Comme leur bec leur a grandi ;
> Notre wallon est-il plus vilain
> Que la chanson du petit coucou ?
>
> Ma grand'mère ne parla mie
> Que le wallon avec mon grand-père,
> Et moi-même, je meurs d'ennui,
> Quand je n'entends plus le langage maternel
>
> Quel nom voudront-ils donc donner,
> A nos chemins, dans leur jargon ?
> S'ils le font, dans quelques années,
> On ne retrouvera plus sa maison.

Le wallon se défendit si bien dans la Wallonie prussienne, qu'en 1915 il y eut, comme ordonnance au cabinet militaire impérial, un poète wallon : Henry Bragard, qui semble sortir du livre de Barrès : « Au service de l'Allemagne ».

Et n'a-t-on pas raconté que les soldats du Kaiser, préparés aux massacres, croyant se trouver déjà en Belgique alors qu'ils étaient encore dans la Wallonie prussienne, égorgèrent la population d'un village ?

Il faut retenir de cet aperçu rapide, que si les Allemands étaient les maîtres en Belgique, le français, langue des Wallons, serait chassé du pays avec les patois wallons et que le flamand subirait le même sort parce qu'il serait traité comme un patois allemand. « Nous n'avons pas, diraient les Boches, à soigner la langue particulière d'une contrée. »

Flamands et Wallons, souvenons-nous-en, souvenons-nous-en !

VI

Parmi les grands principes qui président à la délimitation des nations, qui caractérisent la nationalité, le passé d'un pays occupe évidemment la première place, la langue vient en second lieu ; la frontière naturelle n'arrive qu'au troisième rang.

Le Congrès de Vienne, qui fixa nos frontières, ne respecta aucun de ces trois principes. Il trancha en deux l'ancienne unité politique du duché de Limbourg qui comprenait presque toute la forêt de l'Hertogenwald, Eupen, le Ban de Walhorn, la Seigneurie de Lontzen et une partie du bois d'Aix-la-Chapelle.

Le long de la lisière de l'Hertogenwald coule la Vesdre : « le propre héritage des ducs de Limbourg ». Elle relie la ville d'Eupen aux autres localités du ban de Baelen : Baelen, Membaelz, Welkenraedt, Henri-Chapelle, Bilstam et Gullten et à la capitale du duché, Limbourg ; elle relie le ban de Baelen à la ville de Verviers et au pays wallon ; on a dit à juste titre que la Vesdre est le grand tisserand belge. La seigneurie de Lontzen est située au milieu de cette contrée.

Près de Moresnet, dans un endroit appelé « la Calamine », on extrayait du minerai dont la renommée était vieille de mille ans. Séparée du territoire d'Aix-la-Chapelle par la forêt seulement, la mine ne pouvait manquer d'attirer la convoitise de cette ville qui s'en fit attribuer la propriété par l'empereur Sigismond en 1423, mais Philippe-le-Bon, duc de Brabant et de Limbourg, fit valoir son bon droit et enleva la mine à Aix-la-Chapelle. Elle resta aux mains de son légitime propriétaire jusqu'à la fin du xviiie siècle.

Au cours des temps, les habitants des villages voisins vinrent offrir leurs bras à l'industrie florissante et bâtirent de modestes maisons ouvrières. C'était une population limbourgeoise, wallonne et flamande à en juger d'après le style des vieilles demeures et d'après les noms qu'on lit sur les enseignes des boutiques et des auberges.

L'industrie née sur la lisière de la forêt ducale, atteignit son apogée entre 1550 et 1650. Sa prospérité devint telle que les potiers des localités voisines fondèrent la célèbre gilde des potiers de Raeren, dotée de privilèges spéciaux par l'impératrice Marie-Thérèse.

Raeren, qui faisait partie du duché de Limbourg, exportait ses produits en Allemagne et surtout dans les Pays-Bas et la France. Les poteries étaient universellement connues en Allemagne sous le nom de « poteries flamandes de Raeren ».

Vers le milieu du xviiie siècle, une grand'route

partit d'Aix-la-Chapelle, escalada le mamelon du bois, passa au pied de la fourmilière longtemps convoitée de la Calamine, grimpa le raidillon de Henri-Chapelle et continua vers Herve et Liége. Un embranchement partit d'Eupen et rejoignit cette route en passant par Welkenraedt.

Ces deux artères devaient amener au cœur du duché l'activité et la richesse, mais elles devenaient surtout de larges avenues pour les convoitises allemandes.

En 1815, la Prusse ne put tolérer que la mine florissante de Moresnet continuât d'appartenir aux Pays-Bas ; il ne lui fut pas possible de l'annexer. La mine resta neutre. C'est là toute la question de Moresnet neutre qui fit dépenser tant d'encre par les journalistes en mal de copie. Et la seigneurie de Lontzen qui était enclavée dans le duché de Limbourg fut octroyée, on ne sait trop pourquoi, à l'Allemagne, avec les communes de l'Est qui, en principe et en fait, avaient toujours appartenu au Brabant.

A l'entrée de la ville d'Eupen, la limite tracée par le Congrès de Vienne fit un demi-cercle vers l'Ouest pour rejoindre le cours de la Hill dans le prolongement de la ligne Maison-Blanche-Eupen. De là elle suivit ce filet d'eau jusqu'à la Baraque Michel.

Pourquoi?

Parce que Eupen, la cité drapière florissante, était réclamée âprement par l'Allemagne.

Pour ce seul motif le bistouri diplomatique suivit les deux artères principales de l'ancien duché de Limbourg et retranchant son noyau vital, Eupen, lui donna la mort économique et nationale.

Mais le siècle qui suivit ne put faire oublier à la population son origine belge.

Ces deux routes qui devaient être une source de prospérité pour le pays lui devinrent fatales; la prospérité de Calamine causa la ruine de l'ancien duché de Limbourg.

Les Pays-Bas ne souffrirent pas l'amputation sans protester énergiquement; ils établirent leurs titres de propriété légitime et séculaire.

Pour mettre fin au litige, le Congrès de Vienne coupa le gâteau de Moresnet en trois parties : une partie échut aux Pays-Bas, c'est l'actuel Moresnet belge; une autre à la Prusse; la partie centrale, le meilleur morceau, celui qui contient les mines fut déclaré neutre. C'est Moresnet neutre.

Il ne suffisait pas à la Prusse qu'on eut enlevé la Calamine à la Belgique, il ne lui suffisait pas qu'on l'eût déclarée neutre, il lui fallait l'entièreté du territoire de Moresnet sur lequel elle n'avait aucun droit au point de vue des principes dont nous avons parlé plus haut : passé, langue, frontière naturelle. Moresnet est flamand-wallon.

Les raisons qui ont guidé la Prusse en 1815, n'ont cessé de l'inspirer depuis jusqu'à la pousser à vouloir annexer en 1914, non seulement le Moresnet neutre et le Moresnet belge, mais la Belgique entière.

La population des trois Moresnet est, comme le prouvent les noms figurant sur les enseignes, comme le prouve le langage, flamande-wallone, c'est-à-dire belge. Le fait que, malgré les tendances envahissantes de l'Allemagne, ces populations considèrent Bruxelles comme leur capitale et non Berlin est significatif. Elles sont belges par leur passé, leur langue, leurs tendances sociales et leur religion. La volonté du peuple est nettement marquée par sa devise : « Neutre peut-être, Belge toujours, Prussien jamais ».

* *

En 1815, le nom de Limbourg fut ressuscité par le gouvernement des Pays-Bas et appliqué au territoire de l'ancien département de la Meuse inférieure, correspondant à peu près aux deux provinces de Limbourg actuelles. En 1830, la Belgique se détacha de la Hollande et recouvra son indépendance. Le Limbourg nouvellement créé passa entièrement à la Belgique. En 1839, la partie du Limbourg située à droite de la Meuse retourna à la Hollande, avec les anciennes seigneuries de Fauquemont et de Rolduc. Les pays de Daelhem et de Limbourg restèrent belges.

Mais les parties amputées ne demandent qu'à se ressouder, la blessure de 1815 saigne toujours!

VII

Vers 1893, on vit apparaître dans le Luxembourg les premières manifestations d'un mouvement linguistique allemand fortement organisé. Dirigé de main de maître, copieusement « arrosé » par le procédé auquel Bismarck aimait à recourir « la cavalerie de Saint-Georges », il réussit à s'implanter, à intéresser la population, voire à la passionner, ce qui n'a rien d'étonnant, car les revendications linguistiques fournissent un aliment facile à la rhétorique des meetings.

Quelques membres de la classe dirigeante du territoire de la province de Liége où l'on parle allemand, soutenus par les journaux locaux de langue allemande et encore plus par les associations pangermanistes, fascinés par l'exemple du Luxembourg, s'avisèrent d'organiser un mouvement analogue dans la partie non wallonne de la province de Liége.

Dans quelle mesure ces gens furent les agents conscients ou inconscients de la Prusse, c'est ce que nous ne saurons probablement jamais. Nous eûmes le tort, il faut avoir le courage de le reconnaître, de ne pas prêter assez attention à leurs manœuvres. Les Wallons, pas plus que les Flamands, ne virent le péril qui grandissait auprès d'eux.

* *

Voici quelques extraits des tracts que le pangermanisme déversait à des milliers et des milliers d'exemplaires dans la province de Liége :

« L'âme du peuple vit dans sa langue.

« Reste fidèle à ta sainte langue maternelle, tu te resteras fidèle à toi-même.

« La perte de notre langue maternelle serait le plus grand malheur pour nous autres Belges-Allemands. Ce serait non seulement notre mort comme peuple, mais encore un grand recul intellectuel et moral. La ruine de notre langue maternelle aurait comme conséquence la ruine de notre peuple (*sic*).

« Lorsqu'un jour tes petits enfants réclameront l'héritage paternel, ne baisseras-tu pas les yeux, pris de rage et de honte?

« La langue de tes ancêtres doit être pour toi un joyau sacré. Garde le joyau de ta langue, pour qu'il réjouisse tes petits enfants.

« Mes chers compatriotes, à quelque royaume, à quelque croyance que vous apparteniez, entrez dans le sanctuaire large ouvert de votre vieille langue héréditaire. Apprenez-la, honorez-la et aimez-la. Elle est la force et la vie de votre peuple. »

Cela se passe de tout commentaire.

Mais voici le bouquet. Voici ce qui révèle les sentiments de l'Allemagne à l'égard du flamand. Elle aimait le flamand comme le loup le Petit Chaperon Rouge : « C'est pour mieux te manger, mon enfant ! » Voici comment le tract n° 1, qui formule les droits sacrés de la langue allemande, traitait les deux langues nationales de la Belgique, le flamand et le français :

« *L'allemand est supérieur au flamand à tous égards.*

« Il est supérieur au français, non seulement au point de vue belge, mais aussi au point de vue international. »

Si l'on rapproche ces maximes de cette autre, on embrasse tout le programme du pangermanisme :

« La patrie allemande est partout où résonne la langue allemande ; la patrie allemande n'a d'autres limites que sa langue. »

L'ambition dévorante de la « patrie allemande » ne s'arrête pas aux limites de sa langue, ainsi que nous l'avons vu pour Malmédy, Eupen, Moresnet et d'autres parties de l'ancien Limbourg, mais la langue lui a paru un merveilleux tremplin pour ses convoitises.

« Langue maternelle, miroir fidèle de l'âme de notre peuple, comme les ailes de l'aigle, tu planes depuis l'antiquité sur nos âmes. »

Le plus beau de l'histoire, c'est que le langage originel des territoires dont nous parlons n'a jamais été l'allemand : c'est le limbourgeois, le brabançon qui se réunirent, comme tous les dialectes néerlandais de Belgique sous le terme général de : flamand. La prétendue langue allemande de ces contrées est tout simplement un patois flamand, le patois de la frontière néerlandaise (voir rapports et communications de l'Académie royale flamande, août 1913, p. 548). Ce n'est pas ici le lieu de reproduire des comparaisons dialectales qui tranchent péremptoirement la question.

Le flamand, disent les Boches, est un patois allemand, donc la langue littéraire des Flamands est l'allemand. On introduit donc l'allemand comme langue littéraire en pays flamand, puis on déclare solennellement que le pays est allemand, et le tour est joué.

Si quelques populations de l'Est ont pu s'y laisser prendre, il n'en est pas de même de la très grande majorité des Flamands. Ceux-ci savent très bien que l'âme de la grande famille nationale, c'est le souvenir commun des événements qui, dans le passé, ont contribué à grouper et à cimenter les différents éléments de la patrie ; c'est une communauté d'habitudes, de mœurs, de privilèges et de lois; c'est aussi une communauté d'aspirations et d'espérances.

**

Cette âme nationale est le principe primordial du patriotisme. Elle groupe des peuples de langues et de frontières naturelles différentes, dans les nations comme la Belgique et la Suisse.

La langue n'est qu'une des multiples expressions de l'âme du peuple. Aussi, donner au patriotisme linguistique le pas sur le patriotisme national, ce serait grouper tous les peuples d'après leur langue, ce serait déchirer les nations dont le nom n'exprime pas une unité linguistique, en autant de peuples qu'elles parlent de langues.

Placé au premier rang, le patriotisme linguistique est antinational. Subordonné au patriotisme national, le patriotisme linguistique le développe. En Belgique et en Suisse, le bilinguistisme et le trilinguistisme n'ont jamais compromis la prospérité nationale. Si les droits des différentes races sont respectés, l'émulation profite au bien commun de la patrie.

Les frontières naturelles ne constituent qu'un élément conventionnel; considérer les montagnes, les forêts, les fleuves ou les grandes routes comme limites des nationalités est d'un simplisme par trop primaire.

Les Allemands, nous l'avons montré, adoptent ou rejettent les principes, selon que le commandent leurs appétits insatiables.

On change facilement la langue littéraire d'un peuple de marche ; il n'en est pas de même de son dialecte. Dans l'ancien Limbourg, malgré les méthodes du pangermanisme, les dialectes populaires sont restés flamands ou wallons, l'allemand n'est qu'une importation administrative et pangermaniste.

Mais tous les tracts allemands répandus à profusion ne parvinrent pas à ébranler les Belges qui parlaient l'allemand, ni à détourner leurs regards de la patrie belge.

Répétons-le à l'honneur de notre population : malgré les sympathies qu'une partie d'elle nourrissait à l'égard de l'Allemagne, son amour pour la Patrie ne fut pas un instant amoindri, l'horreur suscitée par l'envahisseur a été éprouvée partout et par tous avec une ardeur égale.

Et maintenant, jamais plus nos Flamands, pas plus que nos Wallons, n'oublieront la façon dont les Boches les traitaient, déjà avant la guerre.

* * *

J'ai montré qu'il existe des points de contact entre nous et les habitants de la Prusse rhénane.

— Oui, me dit-on, ceux qui parlent encore le wallon, mais les autres ?

Je me réjouis de voir que le nombre des opposants décroit à vue d'œil. De farouches intransigeants de la première heure admettent maintenant qu'il ne faut pas être pris au dépourvu par la victoire et qu'il importe de préparer, dès à présent, l'avenir de notre pays. Il serait d'une inqualifiable imprévoyance d'arriver devant le tapis vert sans savoir ce que nous voulons et quelles sont les raisons profondes sur lesquelles nous basons nos légitimes revendications.

Je ne sais s'il existe encore quelqu'un qui souhaite que la Belgique redevienne neutre comme avant la guerre qu'on lui a imposée; ainsi que le disait le cardinal Gasquet, les leçons des événements récents prouvent la futilité absolue des traités et des conventions tels qu'on les a conclus, sur la base des pures promesses internationales. La neutralité nous a fait assez de mal pour qu'on n'en reparle plus. La signification de ce terme est, du reste, devenue tellement péjorative, qu'on le répudiera à jamais.

Personne ne conteste l'importance pour nous, au point de vue économique, de la contrée rhénane; il y va de la prospérité d'Anvers, notre port national. Personne ne conteste, non plus, qu'au point de vue militaire, il importe que nous donnions de l'air à notre frontière de l'Est. Or toute solution qui ne nous donnerait pas le Rhin comme fossé défensif ne serait qu'une demi-mesure dont on ne tarderait pas à sentir tous les inconvénients.

Que ceux qui hésitent encore aillent consulter nos poilus et ils seront édifiés. Nos braves sont d'avis que les sacrifices faits pour la cause de l'honneur et de la civilisation ne doivent pas être inutiles; nous avons reçu de nombreuses lettres qui ne laissent aucun doute à ce sujet.

Il n'y a plus qu'une objection qu'on nous oppose.

— Et les Boches, vous voulez donc introduire parmi nous quelques millions de Boches? Mais nous, Wallons, nous allons être submergés!

Qu'on me permette de faire remarquer ici que pour ce qui est du souci des intérêts wallons, je ne dois rien à personne. J'ai consacré ma vie à célébrer la terre wallonne, celle du Hainaut, celle de Sambre-et-Meuse, celle des Ardennes, à faire connaître et à propager l'art wallon; je l'ai fait d'une façon désintéressée, par seul amour; je crois avoir aussi à cœur que n'importe qui l'avenir de ma petite patrie. Eh bien je ne puis apercevoir ce qui, au point de vue wallon, nous empêcherait d'aller jusqu'au Rhin, car je n'ai pas la naïveté de demander qu'on annexe purement et simplement à la Belgique quelques millions d'individus parlant l'allemand. On trouvera des modalités d'annexion qui sauvegarderont des intérêts respectables.

Mais il faut répéter aux derniers hésitants :

— Prenez garde qu'il ne s'agit pas d'annexer des Poméraniens ni des Brandebourgeois, ni des

Bavarois, ni des Saxons, mais des Rhénans, c'est-à-dire des gens avec qui nous avons vécu en commun pendant deux mille ans et dont certains ont conservé comme idiome, soit le wallon, soit le flamand.

Il y a, du reste, en Belgique, dans la province et de Liége et de Luxembourg, des populations, peu nombreuses à la vérité, mais qu'importe, qui parlent l'allemand. Sans doute l'Allemagne pangermaniste y a-t-elle fait une active propagande en faveur de sa langue, mais bornons-nous à constater un fait.

La nation belge est une nation sans base ethnographique; à aucune époque, dans aucune circonstance, le sang ne fut versé chez nous pour une querelle de langues, jamais, non plus, nos frontières politiques ne correspondirent aux frontières linguistiques. Peuple de marche, état tampon aujourd'hui comme autrefois, la nation « lotharingienne » peut reprendre sans inconvénients ses frontières de jadis. Si elles ont été fortement reculées vers l'Ouest en 1815, c'est par suite de l'écrasement des forces du voisin de l'Ouest, au profit du voisin de l'Est. Le recul s'accentua encore en 1839 à cause des intrigues du voisin de l'Est.

Chez les populations lotharingiennes de la rive gauche du Rhin, cent années de « colonisation » prussienne n'ont pu effacer l'empreinte de plus de dix-huit siècles de vie commune avec les populations de la Belgique actuelle. Il n'est pas sans intérêt de rappeler les craintes et les colères de la Prusse en recevant du congrès de Vienne, au lieu de « tout » ce qu'elle désirait, cette contrée catholique, si rebelle à son influence, au lieu de la Saxe ou de l'Alsace, qu'elle considérait comme des accroissements beaucoup plus désirables au point de vue allemand.

De même que dans le visage des lotharingiens rhénans on trouve les caractéristiques du gaulois bien plus que celles du germain, dans le fond de leur âme il existe des aspirations qui les pousseraient à partager nos destinées nationales plutôt qu'à subir la domination prussienne. A côté de la communauté de religion, beaucoup de traditions populaires de nos Ardennes ont subsisté, en dehors des villes, malgré la transformation politique de 1815. Cela s'explique aisément si l'on considère la nature fortement boisée et généralement escarpée du pays, ainsi que l'éparpillement de la population ; il existe en effet beaucoup de petits villages n'ayant souvent entre eux que des communications difficiles. Sur 100 communes 60 comptent moins de 500 âmes et 31 moins de 1.000. Cette répartition des habitants fut l'obstacle le plus sérieux à la colonisation prussienne. Celle-ci réussit davantage dans les villes dont elle transforma le caractère. Mais en dehors des champs d'action de l'industrie et du grand commerce, la germanisation n'a pas pénétré aussi profondément qu'on pourrait le croire, quelque favorable qu'ait été, au moment de l'annexion, l'état du peuple à coloniser.

Malgré cent ans de régime prussien, les campagnes rhénanes sont toujours aptes à reprendre la vie commune avec nous et à partager notre sentiment national. On n'en peut dire autant des villes. Le problème, pour elles, apparaîtra de façon différente, mais quelles que soient les difficultés qu'il puisse présenter, elles ne doivent point nous rebuter. Préparons-nous à être à la hauteur des situations qui se présenteront à nous.

Nous avons été projetés violemment hors d'une tranquillité de laquelle nous ne demandions pas à sortir. Nous n'y rentrerons que quand nous nous serons fortement assurés contre l'avenir.

La *Dépêche de Toulouse* écrivait :

« Tout le monde, en France, est aujourd'hui convaincu que l'Allemagne devra renoncer à toute la rive gauche du Rhin et que ce sera là une des conditions fondamentales de la paix. Mais le sort réservé à ces territoires reste obscur. Il est impossible de préciser dès maintenant dans quelle mesure ils pourraient revenir à la France et dans quelle mesure à la Belgique.

« L'extension de la Belgique jusqu'au Rhin est un problème très complexe, qui ne peut être résolu à la légère et où il faut tenir compte de divers arguments contradictoires. Les Belges eux-mêmes sont divisés sur ce point et beaucoup d'entre eux ne verraient pas sans appréhension leur patrie s'agrandir sensiblement sur ses frontières orientales.

« Les objections qu'ils formulent méritent d'être examinées, car elles ont une grande importance non seulement pour la Belgique, mais aussi pour la France. La rive gauche du Rhin que certains Français offrent à la Belgique avec une insouciance coupable, est un pays très peuplé, où l'on compte de grandes villes, comme Cologne, Bonn, Aix-la-Chapelle. Comment la petite Belgique, avec ses sept millions d'habitants, parviendrait-elle à assimiler une population étrangère aussi compacte, et qui trouvera toujours dans la population flamande une alliée et une collaboratrice ? Qu'on se représente ce que serait demain une Belgique peuplée de neuf à dix millions d'habitants, dont quatre millions environ parleraient la langue flamande, trois millions environ la langue allemande et trois millions enfin la langue française. Ce serait l'effacement graduel et inévitable de notre civilisation, de notre influence, de notre langue, au bénéfice du bloc germano-flamand. Nous aurions donc abouti à créer sur notre frontière du nord une nation beaucoup plus éloignée de nous qu'elle ne l'était hier et où l'action allemande aurait un effet permanent et décisif.

« Est-ce à cela qu'on veut arriver ? En tout cas, c'est à cela qu'on travaille inconsciemment quand on prêche sans hésitation ni réserve l'extension des frontières belges jusqu'au Rhin. Sans doute, la noble et héroïque Belgique mérite de larges et durables compensations pour toutes les souffrances qu'elle a éprouvées. Mais encore faut-il que les compensations qui lui seront accordées n'aient point pour conséquence de fortifier l'influence allemande aux dépens de l'influence française. La Belgique doit rester, demain comme aujourd'hui, une amie fidèle de la France, et rien de ce qui pourrait troubler cette amitié ne peut être accepté par elle, ni par nous. »

J'ai lu ailleurs à peu près les mêmes arguments sous une autre forme que voici :

« J'ai causé avec de nombreux compatriotes et il m'a paru que rares étaient ceux qui rêvaient d'un agrandissement de notre territoire. La plupart redoutaient, au contraire, une extension qui renforcerait les éléments germaniques de la nation. Et notez bien que c'étaient des Flamands et des Wallons. Reconstituer la Belgique actuelle leur apparaissait déjà comme un grand œuvre. »

L'auteur faisait exception pour le grand-duché de Luxembourg et envisageait la possibilité de proposer des échanges avec la Hollande, afin que nous ayons toute la rive gauche de l'Escaut.

Nous ferons grâce aux lecteurs d'autres citations qui n'apportent pas d'éléments nouveaux à la discussion.

* * *

Les arguments invoqués se résument donc comme suit :

Les Belges ne sont pas d'accord sur les extensions territoriales.

La population rhénane est entièrement étrangère à la Belgique ; elle est allemande.

Et, découlant de celui-ci, la question de langues.

Il y a encore un argument que je n'ai lu nulle part, mais que j'ai entendu répéter : en nous annexant un pays catholique, nous renforcerions l'élément catholique en Belgique, ce qui serait mauvais : question religieuse, argument d'ordre anticlérical.

Mais on n'a opposé au principe de l'agrandissement aucun argument d'ordre économique.

Nous sommes donc fondés à croire que nos contradicteurs ne méconnaissent pas que la région de la rive gauche du Rhin est indispensable à la prospérité d'Anvers. L'intérêt de notre grand port national commande que, quels que soient les sentiments pacifistes et humanitaires de chacun, nous n'ayons pas peur d'un accroissement territorial. C'est une nécessité vitale pour notre patrie.

J'en arrive donc aux arguments qu'on nous oppose :

1° Les Belges ne sont pas d'accord sur les extensions territoriales et même peu de Belges en sont partisans.

Je me suis entretenu de la question dans la Belgique occupée. On a discuté, là-bas comme ici, les agrandissements. On tombait d'accord pour déclarer que la perspective de s'annexer des Allemands n'offrait rien de séduisant. On commençait néanmoins à reprendre ce qui avait appartenu autrefois à la Belgique : ne parle-t-on pas toujours wallon dans l'Eiffel ? Mais ces quelques kilomètres ne nous mettaient pas à l'abri d'une nouvelle aventure pareille à celle que nous subissons en ce moment. On était d'avis que, pour nous protéger d'une manière efficace contre les invasions des Huns ressuscités, il faut une forte barrière, un fossé large et profond : le Rhin.

Voilà ce qu'on pensait en général dans la Belgique occupée. Qu'il y ait, au delà comme en deçà de la ligne de feu, des gens qui ne peuvent se débarrasser d'une mentalité de vaincus, qui voudraient se faire si petits que les événements ne pourraient plus les atteindre ni troubler leur quiétude, nous le savons. Mais ceux dont le maximum des désirs est de voir la Belgique rester ce qu'elle était, neutre et impuissante à se défendre d'une manière efficace, sont extrêmement rares. Il faut n'avoir pas beaucoup d'arguments à mettre en avant pour faire état de leur opinion.

Deuxième augument : la population rhénane est

entièrement étrangère à la Belgique, elle est foncièrement allemande.

C'est l'argument de ceux qui ne connaissent pas l'histoire des anciennes provinces lotharingiennes.

Nous avons montré les liens étroits qui ont uni la Belgique à la contrée rhénane pendant plus de mille ans, nous avons montré comment la Prusse travailla patiemment à mettre la main dessus et, après avoir passé le Rhin, à se rapprocher de la Meuse.

Ce simple rappel de l'histoire a impressionné beaucoup de nos compatriotes. Apprenant pourquoi la contrée rhénane est notre Alsace-Lorraine, mais une Alsace-Lorraine qui, au lieu de trouver son titre dans une conquête du xviie siècle, le ferait remonter à l'antiquité, ils se ravisaient et, du coup, leurs objections tombaient, si nous en jugeons par les nombreuses lettres d'encouragement que nous avons reçues.

A l'époque de la conquête romaine, le caractère « celtique » était prédominant chez toutes les peuplades de la rive gauche du Rhin ; la toponymie germanique de cette région est relativement moderne.

Les textes de César et de Tacite (1) prouvent que les Eburons et les Trévires, riverains du Rhin, avaient des mœurs, des coutumes, un langage

(1) César, *De Belg. Gal.*, II. 4 ; Tacite, *Memo. germ.* c. 28.

analogues à ceux des Nerviens et autres peuplades du territoire de la Belgique moderne, sensiblement différents de ceux des peuplades de la rive droite du Rhin. César comprend toujours ces habitants de la rive gauche du Rhin, parmi les « Gaulois », réservant l'appellation de « Germains » pour ceux qui vivaient de l'autre côté du fleuve ; bien plus, il appelle « Belgique » leur territoire.

La domination romaine introduisit jusqu'au Rhin la civilisation, et cette civilisation, exerçant son influence profonde pendant quatre siècles, a laissé des traces qui subsistent encore aujourd'hui, là même où les invasions des Barbares substituèrent l'idiome germanique à la langue latine.

**

Que reste-t-il après cela et après le rapide aperçu historique que nous avons donné de l'argument qu'on nous oppose ?

Pourquoi la Belgique, accrue de la contrée rhénane, où la civilisation latine a laissé des traces ineffaçables, serait-elle plus éloignée qu'hier du génie français ? Que signifie l'expression « bloc germano-flamand ».

On vient de voir que le terme de « germain », appliqué aux Rhénans, ne correspond à aucune réalité historique. Nous y reviendrons, du reste, pour montrer que le dix-neuvième siècle n'a pas prussifié les campagnes de la rive gauche du Rhin.

Quant au second terme, *La Dépêche de Toulouse* croit-elle donc que la généralité des Flamands est hostile à la langue et à la civilisation françaises? S'il en est ainsi, elle est mal renseignée et ferait œuvre utile en revisant et en contrôlant ses sources.

Il y avait quelques rares flamingants qui vitupéraient contre la France, mais on a pu voir, d'après de récentes déclarations, que les chefs les plus notoires de la cause flamande rendent un éclatant hommage à la culture française. C'est faire injure au peuple flamand que de parler de bloc germano-flamand.

Il reste l'argument non écrit de la question religieuse.

Il existe un point de contact de plus entre les populations rhénanes et les nôtres : la religion catholique. C'est pour cela que d'aucuns ne veulent point les annexer! Comprenne qui pourra! Il y a donc encore des gens à qui la guerre n'a rien appris.

A la fin du xvie siècle, il y avait en France des hommes qui préféraient la continuation de la guerre civile et la ruine de la France à la paix religieuse. Pour le bonheur de son peuple, Henri IV refusa de les suivre. Nous inspirant de sa phrase célèbre, nous répondrons :

— La sécurité de notre patrie vaut bien une messe.

*_**

La question d'une *Fédération belge-rhénane* ne date pas d'hier.

Nous en retrouvons des traces dans une brochure publiée sous ce titre à Bruxelles, en 1838, par Bartels.

Ce publiciste écrivait :

« La fédération belge-rhénane reconstituerait sur une base homogène cette barrière contre l'ambition française que le Congrès de Vienne s'était flatté de construire en organisant le royaume des Pays-Bas, union contre nature qui devait se terminer par le plus éclatant des divorces. Cette combinaison doit convenir merveilleusement à la France, à l'Angleterre comme à la Belgique. »

Les Belges et les Rhénans voulaient, une fois de plus, reprendre les destinées communes.

Si ce projet eût été réalisé, le malaise dont souffre l'Europe depuis un demi-siècle, les catastrophes de 1870 et de 1914 ne se fussent pas produits.

Mais, objecte-t-on, les Rhénans de 1915 ne sont plus dans les mêmes idées que les Rhénans de 1838.

Nous avons répondu à l'argument. En admettant même qu'il reste debout tout entier, il va sans dire qu'en tout état de cause, nous prendrons nos sûretés vis-à-vis des annexés, les mêmes sûretés que la France compte prendre.

Dans une brochure anonyme intitulée : *La paix que nous devons faire*, nous lisons ces lignes :

« Pour que la Belgique reconquière et *au delà* ce qu'elle a sacrifié, il faut qu'elle devienne plus riche et *plus grande;* pour que la France soit désormais pleinement à l'abri *par ses frontières*, il faut *qu'elle possède ces frontières,* qui ne peuvent être que le cours du Rhin. *Cette annexion est le seul moyen de détruire à jamais,* pour l'Occident, les dangers du militarisme prussien.

« En conviant ses voisines du Nord au partage des territoires à annexer, pour réaliser cet idéal de commune civilisation, la France fait donc en même temps qu'un acte de justice, un geste de politique amicale. Si sa voisine refusait ses offres et si la France était obligée de prendre elle-même ces territoires, qu'y gagnerait la Belgique? qu'y gagnerait la paix du monde ? »

La question, ainsi posée, nous paraît résolue et aucun homme d'Etat digne de ce nom, ne peut refuser à son pays la gloire de s'associer à une combinaison qui, respectant la liberté et l'indépendance de chacun, assure contre l'ennemi commun l'existence de tous.

Il y a un vieux proverbe qui dit que l'occasion est une tête qui a beaucoup de cheveux par devant mais qui est rasée derrière.

C'est encore plus vrai en politique que dans la vie ordinaire.

* * *

La plupart de ceux qui ont discuté les idées exposées dans cet opuscule, en arrivaient à reconnaître la nécessité d'accroissements territoriaux pour la Belgique. Le seul point qui les inquiétait, c'était la modalité de l'annexion.

Encore que je sois persuadé qu'on s'exagère les difficultés d'absorber une population qui fut jadis nôtre et qui, il y a moins d'un siècle, voulait encore se réunir à nous, sans méconnaître cependant la prussification absolue des villes, j'ai laissé le problème entier ne voulant qu'établir le principe et la légitimité de nos revendications.

Aussi pour laisser intacte la question de modalité qui, seule, inquiète certains de mes compatriotes, je me bornerai à saluer aujourd'hui en notre souverain Albert, le roi des Belges, le futur grand-duc de la Lotharingie du Nord reconstituée par la victoire des Alliés.

PARIS
IMPRIMERIE ARTISTIQUE « LUX »
131, Boulevard Saint-Michel.

BLOUD & GAY, Editeurs, 7, place Saint-Sulpice, Paris (6ᵉ)

"PAGES ACTUELLES"

Nouvelle collection de volumes in-16 — Prix : 0 fr. 60

Nº 45. **Un Examen de Conscience de l'Allemagne,** par P. HAZARD, officier interprète.
Nº 46. **Guerre et Philosophie,** par Maurice DE WULF, professeur aux Universités de Louvain et de Poitiers.
Nº 47. **Les Aumôniers Militaires,** par GEOFFROY DE GRANDMAISON.
Nº 48. **Les Arabes et la Guerre,** par Ernest DAUDET.
Nº 49. **Le Général Maunoury,** par MILES, rédacteur au *Correspondant*.
Nº 50. **La Vraie France et l'Evolution du Patriotisme,** par Samuel ROCHEBLAVE.
Nº 51. **Le Martyre du Clergé Français,** par l'Abbé GRISELLE.
Nº 52. **La Conduite des Allemands en Belgique et en France,** *d'après l'enquête anglaise,* par Henri DAVIGNON.
Nᵒˢ 53-54. **La Presse et la Guerre.** *Le Journal des Débats,* par Raoul NARSY.
Nº 55. **La Mission du Prince de Bulow à Rome,** par Henri WELSCHINGER.
Nº 56. **La Guerre,** *telle que l'entendent les Américains et telle que l'entendent les Allemands,* par MORTON PRINCE.
Nᵒˢ 57-58. **La Presse et la Guerre.** *Le Figaro,* par Julien DE NARFON.
Nº 59. **Le Duel franco-allemand en Espagne,** par Louis ARNOULD.
Nᵒˢ 60-61. **La Presse et la Guerre.** *L'Action Française,* par Jacques BAINVILLE.
Nº 62. **Pro Patria,** par Victor GIRAUD.
Nᵒˢ 63-64. **Le Service de santé pendant la guerre,** par Joseph REINACH.
Nº 65. **La Reine Elisabeth,** par M. DES OMBIAUX.
Nº 66. **La Chimie meurtrière des Allemands,** par Francis MARRE.
Nº 67. **Amende Honorable,** par Francisco MELGAR. *Avant-propos* de MOREL-FATIO, de l'Institut.
Nº 68. **L'Allemagne, les Neutres et le Droit des gens,** par Robert PERRET.
Nº 69. **Pour teutoniser la Belgique,** par Fernand PASSELECQ.